Couvertures supérieure et inférieure manquantes

LA PETITE FRANCE

ET LA

GRANDE FRANCE

DISCOURS

PRONONCÉ A LA

Séance publique tenue par l'Académie de Savoie

AU CHATEAU DE CHAMBÉRY, LE 1ᵉʳ JUILLET 1886

PAR

M. François DESCOSTES

BATONNIER DE L'ORDRE DES AVOCATS A LA COUR D'APPEL DE CHAMBÉRY
PRÉSIDENT DE L'ACADÉMIE DE SAVOIE

CHAMBÉRY
IMPRIMERIE CHATELAIN, SUCCESSEUR DE F. PUTHOD
4, AVENUE DU CHAMP-DE-MARS, 4

1886

LA PETITE FRANCE ET LA GRANDE FRANCE

DISCOURS

PRONONCÉ A LA

Séance publique tenue par l'Académie de Savoie

AU CHATEAU DE CHAMBÉRY, LE 1ᵉʳ JUILLET 1886

à l'occasion de la

PROCLAMATION DU PRIX D'HISTOIRE DE LA FONDATION DE LOCHE

PAR

M. François Descostes

BATONNIER DE L'ORDRE DES AVOCATS A LA COUR D'APPEL DE CHAMBÉRY
PRÉSIDENT DE L'ACADÉMIE DE SAVOIE

Monseigneur [1],

Mesdames, Messieurs,

Nous ne datons pas d'hier et ce n'est pas d'aujourd'hui que le culte des choses de l'esprit a fait des solennités académiques un régal pour l'élite de notre société.

Du temps de saint François de Sales, — une des toiles les mieux inspirées de Molin en a fixé le souvenir, — les séances publiques de la Florimontane attiraient dans les murs de la charmante *Nessy* [2] tout ce que le duché renfer-

---

[1] Monseigneur Turinaz, évêque de Nancy et de Toul, membre effectif de l'Académie de la Savoie.
[2] Ancien nom d'Annecy.

mait d'esprits fins, d'érudits, de cœurs ouverts aux nobles émotions du patriotisme... On ne songeait point encore en ce temps-là à faire de la femme autre chose que ce qu'en a fait le Créateur : l'ange du foyer, la compagne obéissante et dévouée de l'homme, la première et la meilleure éducatrice du cœur et de l'intelligence de l'enfant... Déjà alors pourtant les femmes ne dédaignaient pas d'apporter à ces austères tournois, le charme et l'éclat de leur présence... Ce n'est pas, certes, qu'elles prétendissent au doctorat, ni même à la licence et qu'elles voulussent nous disputer le monopole de la robe à trois rangs d'hermine... Honni soit qui mal y pense !... Leurs gracieux atours valaient mieux .. Elégantes et souriantes... comme aujourd'hui (car ce sont-là traditions qui, grâce au ciel, ne sont pas à la veille de se perdre) — elles ne s'en pressaient pas moins dans l'hémicycle du champ-clos et, — sauf à n'écouter que d'une oreille distraite le latin irrévérencieux du président Favre, — elles savaient s'épanouir aux bons endroits et souligner la prose fraîche et imagée du plus aimable des saints ou les sonnets primesautiers de quelque disciple de Marc-Claude de Buttet...

N'est-ce pas là, Messieurs, un intéressant tableau dont, à bientôt quatre siècles de distance, il nous est permis de raviver les couleurs ? Où pourrions-nous l'évoquer mieux que dans l'enceinte de ce Château dont les portes nous sont une fois de plus ouvertes par une haute et libérale hospitalité ? Grâce à elle, il nous est permis d'élargir, par intervalle, le cercle de nos réunions et de convier à ces fortifiants banquets de l'intelligence, toutes les âmes élevées qui vivent de notre vie et qui s'associent à nos travaux par les liens d'une secrète sympathie ou d'une collaboration active.

L'an dernier, c'était à un concert donné par les lyres harmonieuses de nos poètes que nous vous convoquions ici[1] ; aujourd'hui, c'est la voix grave de nos historiens qui doit s'y faire entendre ; mais pour nos cœurs épris de l'amour de la terre natale, n'est-ce point encore là de la musique, musique classique, sévère, savamment orchestrée, qui n'en remue, qui n'en émeut pas moins profondément comme toutes les véritables harmonies ? L'histoire, avec l'enchaînement de ses faits, avec la diversité de ses mouvements, avec ses alternatives de grandeur et de décadence, avec ses jeux de lumière et ses éclipses, n'est-elle pas elle-même une sublime et divine harmonie ?

Et pour ne parler que de la nôtre, Messieurs, quel champ vaste et fécond elle offre à nos regards ! Et quel observatoire merveilleux pour en contempler les aspects que cet antique Château, autour duquel elle gravite toute entière et du haut duquel nos anciens princes commandaient sans effort, en pères plûtot qu'en rois, à ce petit grand peuple qui fut l'artisan de leur fortune et qui leur dut, à l'avant-garde de la vieille Europe, les bienfaits d'une émancipation sage et d'une instruction large, accessible à tous, aussi féconde qu'inoffensive, — puisqu'elle avait pour assises ces principes éternels des devoirs envers Dieu et envers la patrie qui font à la fois les bons citoyens et les grands peuples !...

Ordre et liberté, — peuple et prince se donnant la main dans une commune entreprise, — l'autorité aussi indiscutée chez le prince que l'obéissance de la part du peuple, parce que l'une et l'autre reposaient sur un gouverne-

---

[1] Le 4 février 1885, l'Académie de Savoie a décerné en séance solennelle, au Château de Chambéry, les prix de poésie de la fondation Guy.

ment fait pour les gouvernés, — telle fut, à n'en pas douter, la raison sociale à laquelle la Maison de Savoie dut le secret de sa grandeur, la Savoie, celui de tant de siècles d'existence autonome calme et prospère, la petite France, toutes les conquêtes légitimes de la Révolution française, bien avant que celle-ci, déviée de son point de départ, n'eût couvert de ruines et de sang le sol de la vieille France...

Terre féconde, la Savoie demandait à être fécondée : le patriotisme fut en elle la semence qui, — ouvrant de larges horizons aux intelligences, enflammant les cœurs, surexcitant les courages, décuplant les activités, — arriva à faire rendre à ces quelques arpents de terre, jetés à l'ombre des plus hautes montagnes de l'Europe, la plus riche moisson d'hommes que jamais, toute proportion gardée, nation ait produite.

Oui, la petite France des Alpes, aujourd'hui irrévocablement fondue dans l'unité française, elle tira de sa propre substance toutes ces forces vives qui permettent à un peuple d'émerger à la surface, de conquérir sa place au soleil et, — si vous me passez une comparaison qui ne choque nullement ma susceptibilité de patriote, — de monter comme le ramoneur au sommet de la cheminée.

La petite France eut ses grands rois et ses grands citoyens, ses diplomates et ses capitaines, ses magistrats et ses administrateurs, ses travailleurs et ses soldats — tout comme l'autre. Jamais les circonstances ne la surprirent au dépourvu et que ce fut guerre à tenter, expédition à entreprendre, alliances à préparer, mariages à négocier, cabinets à circonvenir, tours d'adresse à jouer sur l'échiquier de la politique, réformes utiles à réaliser à l'intérieur, ducs et rois trouvaient sous la main, — tout prêts et toujours à la hauteur de leur mission, — leurs Richelieu et leurs Mazarin, leurs Sully et leurs Colbert, leurs Turenne et leurs Condé comme leurs Du Harlay et leurs d'Aguesseau… De telle sorte qu'on peut résolûment dire que la petite France a fait la Maison de Savoie en huit siècles de bons et loyaux services et que la Maison de Savoie les a rendus à la petite France en huit siècles d'un gouvernement respectueux de ses croyances, de ses droits et de ses libertés.

Et maintenant que la petite France, déliée de son serment, s'est jetée dans les bras de la grande, il semble que la modeste province, découpée en deux départements de notre agglomération nationale, ait voulu laisser près du trône de ses anciens princes comme des reliques de leur berceau, comme une émanation d'elle-même pour leur rappeler incessamment ces traditions immaculées qui firent la véritable grandeur de leur maison.

N'est-ce pas un Savoyard qui représente l'Italie à Paris et le général Ménabréa, le frère de Léon Ménabréa, notre ancien secrétaire perpétuel, n'est-il pas comme le trait d'union qui relie à la fois notre passé et notre avenir, anneau d'autant mieux fait pour rapprocher ces deux sœurs de même race que l'une est gouvernée par un Savoie et que l'autre étend son drapeau sur le coin de terre où le marquis de Valdora vit le jour?.....

Faut-il ajouter, — pour couronner le parallèle, — que la petite France eût, comme la grande et même avant elle, son Académie, ses hôtels de Rambouillet sans l'afféterie des *Précieuses*, son Parlement, pépinière de talents robustes et d'éruditions profondes, — foyers lumineux et purs qui maintinrent intacts les traditions littéraires en formant le goût et en faisant rayonner autour d'eux le culte des lettres, des sciences et avant tout de cette belle langue française, dans laquelle les François de Sales, les Saint-Réal et les de Maistre écrivirent des chefs-d'œuvres.

Aussi bien quand, après les formidables commotions du commencement de ce siècle, la Savoie, rentrée sous le sceptre de ses princes, vit succéder au tumulte des batailles le calme de la paix et la monotonie de la vie de province, elle se trouva toute préparée pour suivre de loin le magnifique mouvement littéraire qui, sous la même influence, ne tardait pas à se produire en France. Comme un miroir fidèle, elle réflétait dès lors les impressions et les idées de cette patrie qui était restée pour elle la véritable patrie, celle que donne la communauté du langage et des mœurs. La Savoie continuait à vivre de la vie de la France. De la même façon que jadis ses gentilshommes allaient faire en France leurs premières armes, ses étudiants fréquentaient les universités françaises; si, suivant une expression heureuse et fréquemment répétée, son cœur devait aller où vont ses rivières, le vent lui apportait en attendant les échos de la terre de France, les paroles enflammées de ses orateurs, les hymnes ou les odes de ses poètes, les épopées de ses historiens, les drames de son théâtre. Les sifflets ou les bravos du parterre allaient se répercutant de Paris contre les parois de nos Alpes, — les bruits d'outremont ne pouvaient les franchir... La Maison de Savoie aspirait à monter; monter pour elle, c'était descendre... descendre vers le pays du soleil et, par une loi fatale de sa politique, s'éloigner de son berceau neigeux et déplacer son centre de gravité. Le phénomène inverse se produisit; un double mouvement d'expansion eut lieu en sens contraire; la théorie des chemins de fer funiculaires appliquée aux nationalités ! La Savoie remontait vers la France à mesure que la Maison de Savoie descendait vers l'Italie.

Mais ce que je tiens à constater, — et c'est le but de cette digression diplomatico-historique, — c'est que, lorsque sonna cette heure mémorable, qu'une plaque commémorative a fixée dans notre Palais-de-Justice, — le fruit était mûr, il tombait de l'arbre tout seul ; la Savoie se levait, entraînant avec elle tous ses enfants et courait à la France, que dis-je, retournait à la France avec l'enthousiasme de l'exilé qui voit se rouvrir devant lui les portes de la patrie. Française avant de devenir Française, son annexion morale s'était faite sans qu'elle s'en doutât par une lente et mystérieuse transfusion de l'une à l'autre ; et quand nos nouveaux compatriotes arrivèrent sur le sol des départements annexés, peut-être ne furent-ils pas sans éprouver quelque surprise en y rencontrant de Culoz à Modane et de Thonon à Moûtiers des Français tout faits, grandis tout seuls, mis à la mode de Paris, ayant appris le français dans les vingt-quatre heures et incapables, malgré toutes les sollicitations, de donner la moindre réplique dans la langue chantée par le Dante ou même dans le dialecte illustré par les commandants Bravida du *buon governo*.

Un de ces brillants esprits que la France nous envoyait aux débuts de l'annexion et qui a laissé sur le siège du ministère public le souvenir d'un sens juridique profond et d'une remarquable distinction de parole, le constatait avec nous, dès 1863 :

« C'est en France, — disait M. l'avocat général Maurel[1], — ou c'est sur les choses françaises que, de tout

---

[1] *Du Concours de la Savoie aux progrès de la langue française.* Discours de rentrée prononcé à la Cour d'appel de Chambéry, 1863.

temps, se sont formées les principales illustrations de la Savoie.

« La communauté de langue, la contiguïté des territoires ont permis aux esprits larges, brillants ou actifs, nés de ce côté de la frontière, de se mêler aisément à la vie plus puissante qui se développait de l'autre côté. De cette libre association d'existence, fondée d'une part sur la sympathie, de l'autre sur le bon accueil, il est résulté que deux peuples séparés se trouvent avoir des gloires en commun. Gloires qu'ils peuvent revendiquer presque au même titre, et dont ils ont le droit d'être fiers à la fois, car celles qui appartiennent en propre au petit peuple qui les a produites, appartiennent en même temps au grand peuple qui les a inspirées.

« En étudiant les écrivains les plus renommés de la Savoie, je suis frappé de l'affinité de race, de la parenté d'esprit qui unissaient déjà les deux peuples, même du temps de leur séparation. Voyez, en effet, messieurs : s'il y a dans l'esprit français une qualité distinctive et caractéristique, c'est assurément l'amour de la clarté, l'instinct de l'ordre en toutes choses, le besoin de la régularité. Cette passion de la lumière, c'est la vocation même de la France. Toute sa vie historique en porte le signe. Eh bien, prenons à diverses époques les représentants les plus remarquables de l'esprit de la Savoie. Que voyons-nous?

« En législation, c'est le président Favre cherchant à introduire par la codification la clarté et l'ordre dans le chaos des lois anciennes et modernes, en même temps et avec la même ardeur que Cujas, Dumoulin, Pithou, Loisel, en France.

« En littérature, c'est Vaugelas s'efforçant d'établir par

des préceptes la règle et la méthode dans la langue, pendant qu'en France Malherbe, Balzac, Descartes, Pascal la fixaient par des modèles.

« En politique, c'est le comte Joseph de Maistre consacrant son éloquence à revendiquer les grands principes d'ordre social qui lui paraissent compromis par la Révolution française.

« On le voit : des deux côtés de la frontière, lorsqu'il y avait une frontière entre la France et la Savoie, c'était déjà, c'était toujours le même instinct, le même esprit, et comme un seul peuple divisé.

« Deux histoires nationales se sont poursuivies là, parallèlement, en collaboration pour ainsi dire, pendant des siècles, jusqu'au jour où devait être enfin consacrée par la politique une union intellectuelle qui a existé de tout temps. »

Sera-t-il téméraire, Messieurs, d'attribuer à notre Académie une part de ce travail d'élaboration qui, à un moment donné, devait singulièrement faciliter, grâce à cette *union intellectuelle* dont parlait l'éloquent orateur, l'œuvre de la diplomatie ?

De même que la Florimontane à laquelle elle a succédé ou plutôt dont elle a renoué les traditions interrompues, notre Académie a toujours été une Académie française ; non pas certes que nos prédécesseurs plus que nous aient eu jamais la prétention de se décerner les palmes de l'immortalité ; mais — le mot est lâché et je ne le ressaisis pas, — Française par l'esprit, par le genre, par le goût, par la langue. Aucuns, d'ailleurs, furent des Quarante et n'y firent point mauvaise figure, comme Vaugelas ; d'autres eussent mérité d'en être, comme François de Sales, mais

Richelieu n'avait point encore fondé l'Académie.— Celui-ci n'en fut point, mais il a écrit le *Voyage autour de ma chambre* ; celui-là ne figura pas non plus dans le phalange des immortels, mais il a écrit un livre immortel, les *Soirées de Saint-Pétersbourg*. Demain, ne sera-ce point le tour du soldat d'hier, du gentilhomme d'aujourd'hui qui a écrit l'*Homme d'autrefois* et qui, sans doute, nous fera encore apparaître quelque revenant du temps passé ?

Sans contempler ces glorieuses perspectives, il nous suffit, pour notre honneur, de retenir qu'il y a eu de tout temps en Savoie, une Académie française, réduction qui, toute proportion gardée, a eu dans la petite France l'influence et le rayonnement de celle fondée par Richelieu dans la grande.

J'entrevois encore par la pensée ce poêle en fonte légendaire, et pourtant historique, — déjà évoqué par moi, il y a douze ans, dans cette même enceinte,[1] — autour duquel se réunissaient ces quatre esprits supérieurs, si bien faits pour s'entendre et pour mener à bonne fin une pareille œuvre.

Au-dessus du modeste calorifère, un soir d'hiver, à travers la vaporeuse atmosphère d'une chambre de professeur, ils avaient vu tout-à-coup apparaître non pas le *Mane, Thécel, Pharès* de l'Ecriture ; mais, — spectacle moins terrifiant, — un emblème et une devise pleins de promesses : l'emblème était l'*Oranger*, la devise : *Flores et fructus*.

---

[1] *Éloge du cardinal Billiet*, — discours de réception à l'Académie de Savoie. — Chambéry, 1874.

François de Sales et Antoine Favre les avaient adoptés en fondant la Florimontane en 1607. Le fin et aristocratique visage de celui-là, l'austère figure de celui-ci semblaient se détacher des cadres appendus à la muraille, s'animer, s'illuminer et leur dire : Reprenez notre devise et continuez notre œuvre !

Leur voix fut entendue. Ils étaient quatre dignes de la comprendre :

Celui qui fut plus tard le cardinal Billiet, l'homme de science, le grand prélat dont la mémoire vénérée vivra éternellement dans notre Savoie et dont les exemples revivent sur ce siège archiépiscopal, — le maître de ces évêques qui, comme celui que l'Académie s'honore de compter parmi ses membres et de posséder aujourd'hui dans ses rangs, ont apporté à l'épiscopat français l'éclat de leur éloquence, l'ardeur de leur zèle apostolique, la flamme de leur patriotisme ;

Georges-Marie Raymond, l'homme universel dont la spécialité était d'embrasser toutes les spécialités ;

Le sénateur de Vignet, — section des lettres, — poëte à ses heures, beau-frère et ami d'un grand poëte[1] ;

Le comte de Loche, — l'observateur sagace, l'archéologue passionné qui professait pour les sciences historiques un culte héréditaire dans sa famille et brillamment entretenu par celui qui est ici l'*heres*, le digne continuateur de sa personne.

Les quatre conjurés avaient poussé l'*Eurêka* d'Archimède. Le titre et la devise étaient trouvés ou plutôt res-

[1] Lamartine.

titués ; l'oranger, remis en terre, et l'Académie de Savoie, fondée... Elle a vécu bientôt trois quarts de siècle, et grâce au ciel, — que notre savant confrère, le président de la Société d'agriculture [1] se rassure, — le phylloxéra n'est pas près d'atteindre ses vigoureux rameaux.

Flores et fructus. . Des fleurs et des fruits !

Des fleurs... nous ne vous en offrirons pas aujourd'hui, Mesdames ; mais nous vous en avons offert hier, nous nous réservons bien de vous en offrir bientôt, fleurs de pleine terre au printemps, — fleurs de serre en hiver... Des fleurs ! que de bouquets parfumés, que de fraîches inspirations, que de patriotiques élans dans ces albums où Marguerite Chevron, Pierre Veyrat, Alfred Puget, le père Montagnoux, Edouard Piaget, l'abbé Bernard, Amélie Gex, Charles Burdin, Félix Bonjean, le docteur Bazin, les frères Berlioz, Amé d'Oncieu et tant d'autres que j'oublie ont laissé tour à tour, comme dans un phonographe discret et fidèle, les accords de leurs lyres aux tons variés, mais toutes uniformément françaises...

Des fruits !... Le jardin potager a côté de la pelouse trouée de marguerites... L'avocat Guy avait semé les fleurs ; le comte de Loche, en homme plus sérieux et plus pratique, a planté les arbres fruitiers et, pour en assurer la culture, en jardinier prévoyant et magnifique, il a légué à l'Académie un capital qui lui permet depuis trente années de distribuer périodiquement un prix de 750 francs au meilleur ouvrage historique ou archéologique sur la Savoie.

[1] M. Pierre Tochon, membre effectif de l'Académie de Savoie.

Le généreux fondateur, dont l'étude du passé avait rempli la noble existence, estimait que nul pays plus que la Savoie n'est digne d'être étudié dans ses origines, dans ses évolutions, dans les graves événements auxquels il n'a cessé d'être mêlé. Heureux, dit-on, les peuples qui n'ont pas d'histoire ! A ce compte, la Savoie devrait être le plus malheureux des peuples ; car nul n'a une histoire mieux garnie, plus mouvementée et, disons-le résolûment, plus glorieuse.

Porte des Alpes, corridor traversé par tous les grands conquérants de l'antiquité et des temps modernes, vestibule des champs de batailles séculaires du Piémont et de la Lombardie, berceau d'une maison royale, après avoir été le champ-clos d'une tribu, esquif frêle et insubmersible à la fois jeté sur la mer orageuse de la diplomatie en proie aux compétitions rivales, roseau plus fort que le chêne et plus résistant que lui, la Savoie, identifiée, durant huit siècles, avec la Maison de Savoie, a son histoire à elle, bien originale, féconde en coups de théâtre et en surprises, et ce n'est pas dans une cavalcade seulement qu'il est intéressant et fructueux de voir revivre et de suivre la *Savoie à travers les âges* [1].

Depuis la période lacustre, le triomphe de notre ami Perrin [2], jusqu'à ce vote solennel du 22 avril 1860, à travers les Allobroges à la fière allure, les comtes de Maurienne, puis les ducs, puis les rois, l'annexion de 1792, la pléiade d'illustrations militaires que la Savoie donna à la France, le retour à la domination sarde, la valeureuse brigade de

---

[1] A l'occasion des fêtes du concours régional tenu à Chambéry en 1886, une cavalcade historique a représenté la Savoie à travers les âges.

[2] M. André Perrin, membre effectif de l'Académie de Savoie, auteur d'intéressants travaux sur les *lacustres*.

Savoie, précurseur des héros de 1870, — que de tableaux variés ! que de vues d'ensemble ! que d'horizons ouverts sur l'histoire générale ! Et en même temps, que de recoins mystérieux à explorer ! que d'angles à fouiller ! que de types à mettre en lumière, dans le genre de ce Barillet, dont l'un de nos plus éminents confrères [1] traçait, il y a quelques mois, le portrait et de main d'ouvrier ! que de communes, que de cités à surprendre dans l'intimité de la vie municipale, petites républiques s'administrant elles-mêmes, possédant de la liberté la chose et non pas le mot, réunies en faisceau par l'autorité indiscutée du souverain, et, le moment venu, à son appel, envoyant leur contingent sous sa bannière ou la défendant superbement derrière leurs murailles ! Que de serviteurs ignorés de la patrie, que de traits honorables ou glorieux à faire sortir des ténèbres de l'oubli !... Et par là même que de matériaux à apporter à la grande œuvre de l'histoire !

Qu'est-ce, en effet, que l'histoire sinon une réunion de faits particuliers, sinon la vie d'un peuple ? Et comment la bien connaître, en apprécier l'enchaînement et en dégager la moralité si l'on ne fait connaissance avec les fractions du tout, avec les pierres de la mosaïque, — si l'on se borne à une revue en masses profondes, sans pénétrer dans les rangs et étudier un à un les individus ?

« Il n'y a qu'eux, dit excellemment M. Taine [2] dans ce style d'anatomiste dont il a le secret, — pour nous faire

---

[1] M. Ernest Arminjon, ancien conseiller à la Cour d'appel de Chambéry, membre effectif de l'Académie de Savoie.
[2] *Les Origines de la France contemporaine.* — L'ancien régime.— Préface

voir en détail et de près la condition des hommes, l'intérieur d'un presbytère, d'un couvent, d'un conseil de ville, le salaire d'un ouvrier, le produit d'un champ, les impositions d'un paysan, le métier d'un collecteur, les dépenses d'un seigneur ou d'un prélat, le budget et le cérémonial d'une cour. Grâce à eux, nous pouvons donner des chiffres précis, savoir, heure par heure, l'emploi d'une journée, bien mieux, le menu d'un grand dîner, recomposer une toilette d'apparat. Nous avons encore, piqués sur le papier et classés par date, les échantillons des robes que la reine Marie-Antoinette a portées, et d'autre part, nous pouvons nous figurer l'habillement d'un paysan, décrire son pain, nommer les farines dont il se composait, marquer en sous et en deniers ce que lui en coûtait une livre. Avec de telles ressources, on devient presque le contemporain des hommes dont on fait l'histoire, et plus d'une fois, dans nos archives, en suivant sur le papier jauni leurs vieilles écritures, j'étais tenté de leur parler tout haut. »

L'efficacité de cette méthode d'analyse, de dissection scientifique préconisée par l'auteur des *Origines de la France contemporaine* et pratiquée par lui avec une si inflexible indépendance, — il l'avait entrevue avant lui, dans sa modeste sphère, le gentilhomme aux goûts élevés à qui nous devons les concours qui portent son nom et ont illustré sa mémoire.

A l'œuvre ! travailleurs de la petite France ! semblait-il dire à ces comtemporains et à ses successeurs... A l'œuvre ! vous tous qui aimez la terre natale, qui au lieu de croupir dans l'énervement d'une vie oisive, voulez, comme Titus à la fin de sa journée, conquérir la satisfaction

d'avoir fait quelque chose de bon et d'utile ; à l'œuvre ! vous tous qui avez des yeux pour lire, une intelligence pour observer, un cœur pour s'enflammer au récit d'une belle action ou à l'évocation d'un grand sentiment !...
Vous tous qui avez la noble ambition de savoir de qui vous descendez, ce qu'ont fait vos aïeux, ce qui s'est passé au cours des siècles écoulés, dans la petite agglomération qui fut votre berceau !

Demandez-vous la raison de tout ce qui vous environne, de tout ce qui a frappé vos regards d'enfant, de tout ce qui sollicite votre curiosité d'homme. A quelle époque mon clocher a-t-il été construit ? Qui a bâti ce vieux château au pied duquel la cité s'est formée en alluvions successives ? Quand a-t-elle commencé à vivre de la vie municipale ? Où sont ses franchises ? De quelles libertés jouissait-elle ? Comment était-elle administrée ? De quelles scènes ce *burgi forum*, cette vieille *maison de ville*, ces portiques surbaissés ont-ils été le théâtre ?... Et ce couvent, aux cloîtres en ruines, quels religieux l'habitaient ?... Et cette église aux voûtes ogivales, de combien de générations a-t-elle recueilli les prières ?... Et cette maison à la façade historiée, avec pignon sur rue, quelle famille de marque a-t-elle abritée ?... Et cette habitation sans caractère, blottie dans cet étroit carrefour, qui sait si elle n'a pas vu naître quelque citoyen parti de bas, honneur de la cité par ses services ou par ses œuvres ?... Et ces remparts démantelés et ces fossés nivelés par la voirie, ne s'en exhale-t-il point quelque souffle guerrier ? Qui a combattu derrière ces murailles ? Qui a mis le siège au-devant d'elles ? Et là-bas, dans la plaine, sur les sommets prochains, ne s'est-il rien accompli d'extraordinaire ? Ce calme de la nature n'y a-t-il jamais été troublé ? Le torrent dévastateur de la guerre n'y a-t-il à aucune époque roulé en flots de sang ? Pourquoi ces noms sonores que portent ce village, ce champ et qui semble se relier à quelque grand souvenir ?

Et mis en éveil par ces points d'interrogation, vous voulez les satisfaire. Vous grattez la pierre pour trouver l'inscription ; vous compulsez les archives pour y découvrir le fil conducteur ; vous vous familiarisez avec les vieux titres ; vous arrivez à lire dans les parchemins poudreux comme dans une édition de Firmin-Didot. Un premier jalon marque votre route ; puis, encouragés par le succès, vous poursuivez, vous vous passionnez, vous aboutissez à des conquêtes inespérées ; les matériaux abondent sur votre chantier. Châteaux, cités, couvents, églises n'ont plus de secrets pour vous.

Alors commence l'œuvre de l'anatomiste. Vous disséquez tous ces organes ; vous recherchez leur raison d'être et leur fonctionnement ; vous les comparez entre eux ; puis, mis en appétit, vous placez l'individu ainsi analysé dans le groupe auquel il appartient, vous le voyez naître, grandir, se développer, se mêler à la vie plus large et plus intense de la province, de la nation, y jouer un rôle prépondérant ou effacé, modeste ou glorieux, lui apporter son contingent plus ou moins épais d'illustrations et d'exploits et verser sa note, éclatante ou timide, dans cette harmonie d'où l'histoire sort avec la clarté d'un théorème et l'autorité d'une leçon.

C'est la méthode expérimentale appliquée à la vie des peuples. Le comte de Loche a voulu en faire bénéficier la Savoie, en encourageant ces efforts individuels, ces monographies qui sont à l'histoire ce que le préparateur est au chimiste. Que chaque commune, que chaque cité, que chaque canton ait son chroniqueur fidèle, apportant sa contribution de matériaux ; et un jour viendra où l'architecte bâtira l'édifice, où les pierres s'effaceront dans les grandes lignes tout en contribuant à en assurer la structure et où la Savoie trouvera enfin, après bien des tentatives plus ou moins heureuses, un historien digne d'elle.

En attendant, la noble ambition du fondateur de ces concours n'a point été déçue. De même que les gracieux combats auxquels l'avocat Guy a convié les muses savoisiennes n'ont pas peu contribué à maintenir, en Savoie, le goût de la poésie à une époque toute de prosaïsme et de réalisme, — de même les austères travaux auxquels le comte de Loche a donné l'essor y ont-ils développé le goût des sciences historiques, ce qui n'est point un anachronisme dans un siècle où l'esprit d'observation et d'analyse règne en monarque peut-être trop absolu.

Depuis trente ans, l'activité de nos travailleurs, mise en mouvement par ce grand exemple et aiguillonnée par une noble ardeur, s'est portée fiévreusement sur les trésors ignorés que renferment nos annales.

Des historiens nous sont nés ; non-seulement les villes, mais de simples villages comme Grésy-sur-Aix ont eu leur Guillaume de Paradin. Puis de la communauté des efforts est sorti le groupement des travailleurs et l'Académie de Savoie a eu la satisfaction de voir grandir à ses côtés, ici même, la Société d'histoire et d'archéologie, une moissonneuse intrépide entre toutes, et, dans le cercle de nos deux départements, toutes ces associations vaillantes, d'où la politique est heureusement exclue, où tous les esprits larges et tous les cœurs honnêtes peuvent se rencontrer et au sein desquelles la *trêve des confiseurs* dure toute l'année.

C'est là un premier et magnifique résultat de l'élan donné par le comte de Loche aux études historiques.

Il y en a un autre plus direct, plus tangible : ce sont les travaux dont il a provoqué l'éclosion. A cette heure déjà, la cueillette a eu lieu sept fois ; — nos saisons historiques reviennent tous les cinq ans ; — mais les fruits qui en constituent le butin ont le privilège d'avoir toujours la même saveur : une fois cueillis, ils ne meurent plus...

Dès 1857, l'Académie, sur le rapport de M. Auguste de Juge, décernait la palme du premier concours à notre compatriote le baron Albert Blanc, actuellement ambassadeur d'Italie à la Cour d'Espagne, pour ses *Etudes historiques sur Joseph de Maistre* qui, transformées par leur auteur sous le titre de *Mémoires et correspondance diplomatique du comte de Maistre*, eurent un retentissement considérable lors de leur publication.

Si chaque concours, limité aux seuls enfants de la Savoie, n'a pas dès lors fait saillir une œuvre digne des lauriers académiques, nos devanciers ont pu tout au moins les décerner à des ouvrages d'une réelle importance et d'un mérite supérieur, tels que l'*Histoire de la Chartreuse de Saint-Hugon*, sortie de la plume du brillant historien du Sénat de Savoie, notre cher et regretté Eugène Burnier, — le *Père Monod*, du général Dufour, en collaboration avec M. François Rabut, — l'*Histoire de l'Eglise de Genève*, de l'abbé Fleury...

Que nous apportera le concours d'aujourd'hui ?

Que va-t-il sortir de cette enveloppe mystérieuse sous laquelle M. le Secrétaire perpétuel garde jalousement les oracles qui y sont enfermés ?

Son rapport va nous l'apprendre et je ne me permettrai pas d'en déflorer les surprises en soulevant indiscrètement un coin du voile, derrière lequel notre éminent aristarque aiguise ses dernières critiques ou tresse ses dernières couronnes.

Peut-être vous dira-t-il que jamais depuis l'ouverture de ces concours, légion aussi vaillante n'en avait abordé les redoutables épreuves ; mais ce que je puis bien dire, moi, c'est que jamais auditoire plus brillant, plus lettré n'en était venu récompenser les efforts.

Qu'est-ce à dire sinon que tous, qui que nous soyons, quelles que soient nos préoccupations et nos idées, nous aimons à revivre de la vie du passé ? Que, sans aspirer à le restituer dans ce qui lui appartient bien et pour toujours, nous sommes avides d'y puiser, les uns, des solutions et des remèdes, les autres, des consolations et des espérances, ceux-ci, de simples sujets d'étude.

L'histoire n'est-elle pas, en effet, la grande éducatrice qui parle par la voix du Maître de toutes choses et, à travers les défaites et les triomphes, les rayonnements et les ombres, les élévations et les chutes dont elle déroule à nos yeux le mobile spectacle, n'apporte-t-elle pas, victorieuse et fortifiante, cette sublime affirmation que les règles de la justice sont éternelles, qu'elles s'imposent aux gouvernements comme aux individus, et qu'à l'inverse de la maxime si tristement fameuse, le droit finit toujours par primer la force ?.....

Laissez-moi donc, Messieurs, à vous qui aimez l'histoire, à vous qui en comprenez le langage, à vous qui savez ce que son commerce a de charme pénétrant et consolateur, laissez-moi vous remercier d'avoir répondu à notre appel.

Votre présence donnera aux couronnes, que nous allons décerner, un prix qui en doublera la valeur. Vous serez près des vainqueurs l'image de la famille qui vient voir couronner ses enfants. — La famille ici, c'est la vieille Savoie, c'est la petite France d'antan avec ses souvenirs, ses croyances toujours les mêmes et ses goûts qui n'ont point changé, — aimant à se replier parfois sur elle-même, sous les plis du drapeau national, et dans son cœur tout large ouvert à l'amour de la grande patrie gardant un coin privilégié pour le culte des ancêtres et la sainte affection du clocher!

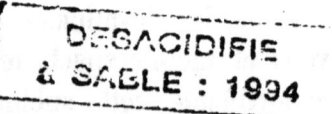

7175. — Chambéry, imprimerie Chatelain, avenue du Champ-de-Mars.

www.ingramcontent.com/pod-product-compliance
Lightning Source LLC
Chambersburg PA
CBHW070540050426
42451CB00013B/3108